Zwölf Englein
hatten viel zu tun

Zwölf Englein hatten viel zu tun

Bilder von
Franziska Schenkel
Text von
Magdalena Wannske

Bechtermünz Verlag

Zwölf Englein standen in Winternacht
und haben miteinander nachgedacht:
wie richten wir Wege und Stege fein;
bald kommt ja das liebe Christkindlein.

Das erste Englein fing fleißig an
und schaufelt im Schnee eine freie Bahn.
Da konnten Maria und Josef gehn,
kein Sturmwind mochte den Weg verwehn.
Maria wurden die Schuhe nicht naß;
sie gingen wie auf Blumen und weichem Gras.

Das zweite holt ein Laternchen schnell
und steckte das Lichtchen an so hell;
es leuchtet damit am Abend spät,
daß sich Maria nicht stoßen tät. –
Maria schaut auf den warmen Schein
und konnte gar nicht mehr traurig sein.

Das dritte Englein in Bethlehem stand
und klopfte mit seiner kleinen Hand
an jedes Fenster, an jede Tür:
„Maria und Josef stehen hier,
sind müde von ihrem weiten Lauf."
Doch niemand machte die Pforte auf.

Das vierte Englein, das sucht und sinnt,
ob's irgendwo noch ein Obdach find't.
Da sah es weit draußen im Tannenwald
ein armes Hüttchen, ganz schief und alt,
mit einem Öchslein und Eselein drin.
Dort führte es Maria und Josef hin.

Das fünfte Englein, das richtet sogleich
im Stroh in der Ecke ein Lager weich.
Es lockert die Halme, es müht sich sehr
und breitet ein Tüchlein darüber her
und schichtet ein Bündelein Heu dazu;
da findet Maria wohl gute Ruh!

Das sechste Englein getreulich wacht
im dunklen Stalle die ganze Nacht.
Und als das Christkind geboren war,
da bläst es ein Liedchen gar wunderbar.
Es trillert und klingt wie im Paradies.
Das Kindlein lächelt im Schlafe süß.

F. Schenkel

Das siebente Englein schleppt Scheite heran
und zündet ein helles Feuer an.
Es stochert eifrig und pustet und schürt,
hat fleißig im Kesselchen umgerührt.
Dann bringt es das dampfende Tränklein geschwind
als süßes Labsal für Mutter und Kind.

Das achte Englein macht's Krippchen zurecht,
darein Maria das Christkindlein legt,
steckt zarte Blumen ins harte Stroh
und streichelt dem Kindlein die Hände froh
und schützt es mit einem Tüchlein lind
vor Winterkälte und Winterwind.

Das neunte Englein bemüht sich sehr
und bringt den Tieren ein Futter her:
ein Ärmchen voll Gras, ein Ärmchen voll Grumt,
daß Eslein nicht scharrt und Öchslein nicht brummt.
Ach, Eslein und Öchslein, seid mir fein still,
weil's Kind in der Krippe jetzt schlafen will.

F. Schenkel

Das zehnte Englein läuft hin aufs Feld
und hat den Hirten das Wunder erzählt.
„Kommt mit, ihr Hirten, in schnellem Schritt,
bringt Wolle und Äpfel und Honig mit!
Das Christkind liegt arm in dem kalten Stall
und ist doch der Heiland der Menschen all.“

Das elfte Englein will auch nicht ruhn,
dem kleinen Christkind ein Liebes tun:
läuft eilends hin zu dem Waldesrand
und bringt ein Bäumchen in seiner Hand
mit Lichtern besteckt, so grün und hold,
daß es das Kindlein ergötzen sollt.

F. Schenkel

Das zwölfte brennt die Kerzen an,
und Kindlein und Engel freuten sich dran.
Es war in dem armen nächtlichen Stall
wohl heller als droben im Himmelssaal.
Zwölf Engel sangen mit süßem Schall:
„Nun ist es Weihnachten überall."

Genehmigte Lizenzausgabe
für Weltbild Verlag GmbH, Augsburg 1999

Produktion und Einbandgestaltung: WordArt, Augsburg
Gesamtherstellung: Offizin Andersen Nexö - ein Betrieb
der INTERDRUCK Graphischer Großbetrieb GmbH
Printed in Germany
ISBN 3-8289-5979-2